2879

F. V. AIGOIN,

CITOYEN DE MONTPELLIER,

A TOUS

LES CORPS ADMINISTRATIFS,

ET A TOUTES

LES SOCIÉTÉS POPULAIRES

DE LA

RÉPUBLIQUE.

A MONTPELLIER,
Chez J. G. TOURNEL, Imprimeur de la Municipalité,
place de la Commune, no. 216. 1793,
l'an 2 de la République Française.

AUX CORPS ADMINISTRATIFS
ET
AUX SOCIÉTÉS POPULAIRES
DE LA RÉPUBLIQUE.

FRÈRES ET AMIS,

LISEZ et jugez. Les *Rolandins* et les *Intrigans* passeront ; la RÉPUBLIQUE, la VÉRITÉ et la VERTU ne passeront point. Cet oracle est plus sûr que celui de Calchas.

Je vous salue bien fraternellement,

Montpellier le 5 avril 1793, l'an 2ᵈ de la République Française.

RÉPONSE

De F. V. Aigoin, Homme libre et Citoyen Français, à l'Adresse du Conseil général de la Commune de Montpellier, aux Corps administratifs et aux Sociétés populaires de la République.

Messieurs du Conseil général de la Commune (1),

Je suis en instance devant la Convention nationale, contre le Directoire du Département de l'Hérault et contre Vous, pour vous punir d'avoir autorisé un désarmement arbi-

---

(1) Vous vous targués beaucoup dans votre adresse de vos hauts faits patriotiques, puisque vous dites : *tous nos soldats reçoivent de Nous, leurs femmes, leurs enfans reçoivent de Nous*, etc. Mais, Messieurs, c'est ce me semble avec quelque impudeur que vous semblez vous attribuer toute la gloire qui revient à si juste titre aux Citoyens de Montpellier pour le patriotisme généreux, ardent et pur qu'ils ont constamment manifesté.

traire, prononcé contre moi par un Conseil militaire de discipline que la loi désavoue ; et

Vous ne ressemblez pas mal en ceci au Président du Directoire du Département, qui, avec ses trente mille livres de rente, vient d'obtenir mention honorable au Bulletin de la convention, de quinze livres par mois qu'il donne généreusement à un Volontaire qui marche à l'armée! C'est quelque chose, j'en conviens ; et de plus, si tous nos égoïstes vouloient en faire autant, nous aurions bientôt, je l'avoue, une nombreuse armée, mais est-ce là ce que nous avons fait de plus digne d'admiration ? Ne nous sommes-nous principalement distingués que par des sacrifices pécuniaires ? Est-ce vous qui avez fait les sacrifices les plus généreux, même dans ce genre ? Non, les mentions honorables vraiment méritées appartiennent à ces généreux Citoyens qui ont quitté père, mère, femme ou sœur, et même quelquefois tous ces objets à la fois si chers à leur tendresse, pour voler à la défense de la Patrie qui leur étoit plus chère encore! Les mentions honorables vraiment méritées appartiennent à cette pauvre veuve, à ce vieillard infirme qui ont donné 15 sous, leur pain de deux jours, toute leur fortune, pour aider de tous leurs moyens à la ruine de tous les tyrans, et au salut de leur patrie ! Montpellier fourmille de pareils exemples qui fondent à jamais sa gloire et sa splendeur parmi les cités les plus renommées pour leur patriotisme, et vous n'en parlez pas ! et parce que vous avez donné un peu d'argent, la millième partie de votre superflu peut-être, vous ne nous parlez que de votre argent ! Vous vous occupez uniquement *de votre cher argent*, au moment même, où, sans respect pour cette autorité devant qui je vous ai cités, vous ne réparez provisoirement vos perfidies, vos torts calomnieux envers moi, qu'en me calomniant encore !

Je vous ai défiés, par une affiche publique, de prouver que j'aie jamais été, que je sois *un agitateur, un désorganisateur, un anarchiste*; je vous ai invités, je vous invite encore publiquement à me faire punir comme tel, par un tribunal légal, si je suis en effet coupable, et pour toute réponse à ce défi solemnel que vous avez eu la prudence de ne pas accepter, *après m'avoir déclaré vous-mêmes qu'il ne vous avoit pas été fait la moindre délation contre moi*, vous déclarez à la France entière, que je suis en effet *un agitateur, un désorganisateur, un anarchiste*, et que vous m'avez désarmé comme tel !

---

si la patrie réclame le sang de tous ses enfans, ils doivent être prêts à le verser pour elle, à périr ou à la sauver. Messieurs, quel exemple vraiment généreux nous avez-vous donné pour modèle ? Lequel d'entre vous possède à l'armée ou son fils ou son frère ? Aucun. Lequel d'entre vous a offert à la patrie son dernier écu ? Aucun. Pourquoi donc nous entretenir de vos vertus chimériques, quand vous en aviez un si grand nombre de réelles, de si belles et de si intéressantes à exposer à nos regards, pour en faire un objet de la plus noble émulation à tous les Français !

★

Vous trouvez plus généreux sans doute, mais à coup sûr plus commode, de continuer à m'assassiner par derrière, sans oser me regarder en face !

Où s'arrêtera l'impudeur avec laquelle vous me calomniez ?

Messieurs du Conseil général de la Commune, vous traitez mal un ancien collègue ; mais je ne crains pas plus les faux témoins que les poignards des assassins : ma vertu me reste, le ciel est juste, et la République est debout.

La loi veille et c'est sous son ombre sacrée que ma tête repose.

Je ne conteste pas le patriotisme de mes Concitoyens, à Dieu ne plaise ; eh ! qui peut mieux en déposer que celui, qui, comme moi, consuma ses travaux, ses veilles et sa santé à en allumer, à en entretenir le généreux foyer ! mais je dis que depuis quelques mois, des hommes stupides et malveillans étoient parvenus à donner à l'esprit public une fausse, une dangereuse direction.

Je dis que vous avez contribué à cette dangereuse direction de l'esprit public, par votre adresse servile à ROLAND, à ce ROLAND qui bientôt sera conspué de tout ce que la France renferme de patriotes éclairés autant qu'intrépides ; à ce ROLAND qui a fait plus de mal à la République que tous les fléaux réunis ne lui en feront jamais.

Mais venons au fait : vous dites que je suis *un anarchiste* ; vous le déclarez à la France entière. Eh bien ! je dis que vous mentez à la France entière ; je dis que vous êtes bien plus criminels, que vous mentez à votre propre conscience !!!!

Je suis *un anarchiste*, dites-vous, et d'où vient ne suis-je pas puni ? Le désarmement est-il une peine suffisante d'un aussi grand crime ?

MAGISTRATS, *amis des Loix*, ignorez-vous que l'anarchie est, après la tyrannie, le plus grand de tous les maux, et que par conséquent l'anarchiste doit, après le tyran, tomber le premier sous le glaive des Loix ?

Je provoque sur ma tête ce glaive redoutable autant que salutaire, si je suis coupable ; innocent, je déclare à la République toute entière que vous m'avez lâchement calomnié ; ET JE VOUS DÉFIE, ENTENDEZ-VOUS? JE VOUS DÉFIE, de prouver l'horrible forfait que vous m'imputez d'avoir jamais prêché la désorganisation et l'anarchie.

Je déclare au contraire que j'ai constamment prêché l'amour de l'ordre, le respect des propriétés, des personnes, et l'obéissance la plus profonde aux Loix et aux Autorités constituées. Si vous me confondez, je vole à l'échafaud, sinon, je vous déclare que, pour un coup d'essai, vous avez surpassé les plus vils, les plus lâches et les plus impudens colomniateurs.

Et vous faites les sourds à ma mourante voix qui invoque mon juste supplice, si j'offensai un seul instant ma patrie que je servis si bien et de toutes mes forces ! Cruels ! n'êtes-vous point lassés des larmes de sang et de douleur que j'ai déjà versées ? Faut-il encor ma mort pour assouvir votre rage inhumaine ? Tremblez cependant, et mes larmes et ma douleur seront des furies vengeresses et sur vous et sur vos enfans ! Mon testament de mort vous poursuivra par-tout, et servira du moins d'égide aux Patriotes qui pourront être persécutés à l'avenir par de nouveaux tyrans tels que vous.

Inhumains ! je le vois trop, vous n'avez point d'entrailles. Vous donnerez tant qu'on voudra des certificats de civisme aux hommes inciviques, mais les Patriotes de 89 n'ont à attendre de vous ni secours, ni justice ; car enfin je ne vous demande ici que justice, et au lieu de me la rendre, vous qui en êtes naturellement les plus purs organes, comme

Magistrats immédiats du Peuple, c'est vous qui m'assassinez impitoyablement !.

Ce sont-là des forfaits
Que le courroux des Dieux ne pardonna jamais.

Les aristocrates, vous le savez, se disputent ma tête ; et vous, industrieusement barbares, par un rafinement inouï de cruauté, vous réunissez à cette horde furieuse acharnée sur moi la tourbe nombreuse des Patriotes égarés ! Et je ne crains pas de vous le répéter, oui, c'est vous qui par votre Modérantisme *Rolandin* avez tué l'esprit public dans ces belles contrées, jadis si florissantes par le dévouement le plus magnanime, et le zèle le plus ardent pour le salut de la Patrie. Comparez ces temps dont je parle, ces temps où nos Concitoyens se précipitoient à l'envi sur Paris pour y reconquérir la liberté prête à être étouffée par une cour perfide, et où, après avoir logé celle-ci dans la tour du Temple, ils chassèrent pour jamais les Prussiens hors du territoire de la Nation libre ; comparez, dis-je, ces temps glorieux avec l'époque que nous venons de parcourir, où nous avons bien fourni notre contingent de répartition de récrutement, mais où les Citoyens, au lieu d'user du précieux avantage de marcher en personne, n'ont ni tiré au sort, ni usé du scrutin, mais ont payé à beaucoup d'hommes étrangers à la Cité, au poids de l'or, le privilége glorieux de leur portion d'espoir de défendre et sauver la Patrie.

Ah ! Messieurs, que les fruits Rolandins, si doux au goût pour des hommes novices, paroissoient amers à ceux qui étudioient plus profondément les hommes et les choses ! Ces fruits auroient été bien près, n'en doutez pas, de ruiner pour jamais la liberté, et les plus chères espérances de la Patrie, dans les derniers échecs que nous venons de recevoir, si déjà la République n'étoit affermie sur des bases indestructibles.

Comparez encore ces temps n'aguère écoulés, où les Législateurs AUBRI, VITET, BOISSI-d'ANGLAS, etc. arrivant dans cette Ville, recevoient l'accueil le plus brillant et en mêmetemps le plus flatteur, des Corps administratifs, de la Société populaire et de la Garde nationale, au bruit des acclamations publiques, accompagnées de notre musique guerrière; comparez, dis-je, cette réception triomphante faite à des Législateurs inconnus par aucune lutte qu'ils eussent soutenue contre les ennemis de la liberté publique, avec l'acceuil morne, froid et glacé fait aux legislateurs VOULAND et BONNIER, si recommandables par les assauts qu'ils livrèrent aux fauteurs du despotisme, et qui sortirent purs et fidèles des torrens débordés de corruption qui engloutirent les deux premiers Corps représentatifs de la République, et vous jugerez encore par-là combien l'esprit public a misérablement déchu.

Tout ceci, je le sens bien, va redoubler la rage de mes ennemis; les Aristocrates, les Feuillans, les modérés et les impartiaux de toutes les couleurs vont me persécuter avec plus de fureur que jamais: mais puisse ma plume ouvrir les yeux aux aveugles de bonne foi! puisse-t-elle contribuer à la renaissance de l'esprit public, avec lequel nous pouvons tout et sans qui nous ne pouvons rien, et je serai bien avantageusement consolé de tous mes maux! D'ailleurs que mes ennemis pensent, que, depuis qu'ils m'ont arraché mon titre de citoyen, depuis qu'ils m'ont déshonoré, ils ne peuvent plus rien sur moi, et qu'il n'est que l'espoir flatteur d'obtenir une réparation éclatante de leurs outrages qui puisse encore me faire supporter la vie.

MAGISTRATS, *Amis des Loix.*

C'est aux dépens du Peuple que vous imprimez et que vous affichez vos calomnies et ma diffamation; c'est à mes frais, mais avec toute l'énergie d'un vrai Républicain que je repousse vos outrages, et que j'ose vous dire que, esclave des Loix jusqu'à la mort, je sais apprécier et souverainement mépriser les Magistrats insensés ou infidèles qui font servir à couvrir leurs écarts, ou à satisfaire leurs passions particulières, les moyens et l'autorité qui ne leur furent confiés que pour le bien et l'intérêt publics, et la protection de tous (1).

Montpellier ce 5 avril 1793, l'an 2^d. de la République Française.

F. V. AIGOIN.

---

(1) A dieu ne plaise que je soupçonne ni qu'on puisse soupçonner le patriotisme, je ne dirai pas de la majorité, mais de la totalité du conseil général de la commune; je serai toujours aussi juste envers eux qu'ils sont égarés, atroces et cruels envers moi, mais je dis, que tout ceci est l'ouvrage des *préventions rolandines* de DURAND maire et BRIEUGNE, officier municipal, qui ont une grande influence sur le Conseil ainsi que sur le peuple, et sont, pour tout dire en un mot, les DIÉTRICK de Montpellier sans avoir les criminelles intentions de ce détestable personnage. *Quis talia fando temperet a lacrymis!*

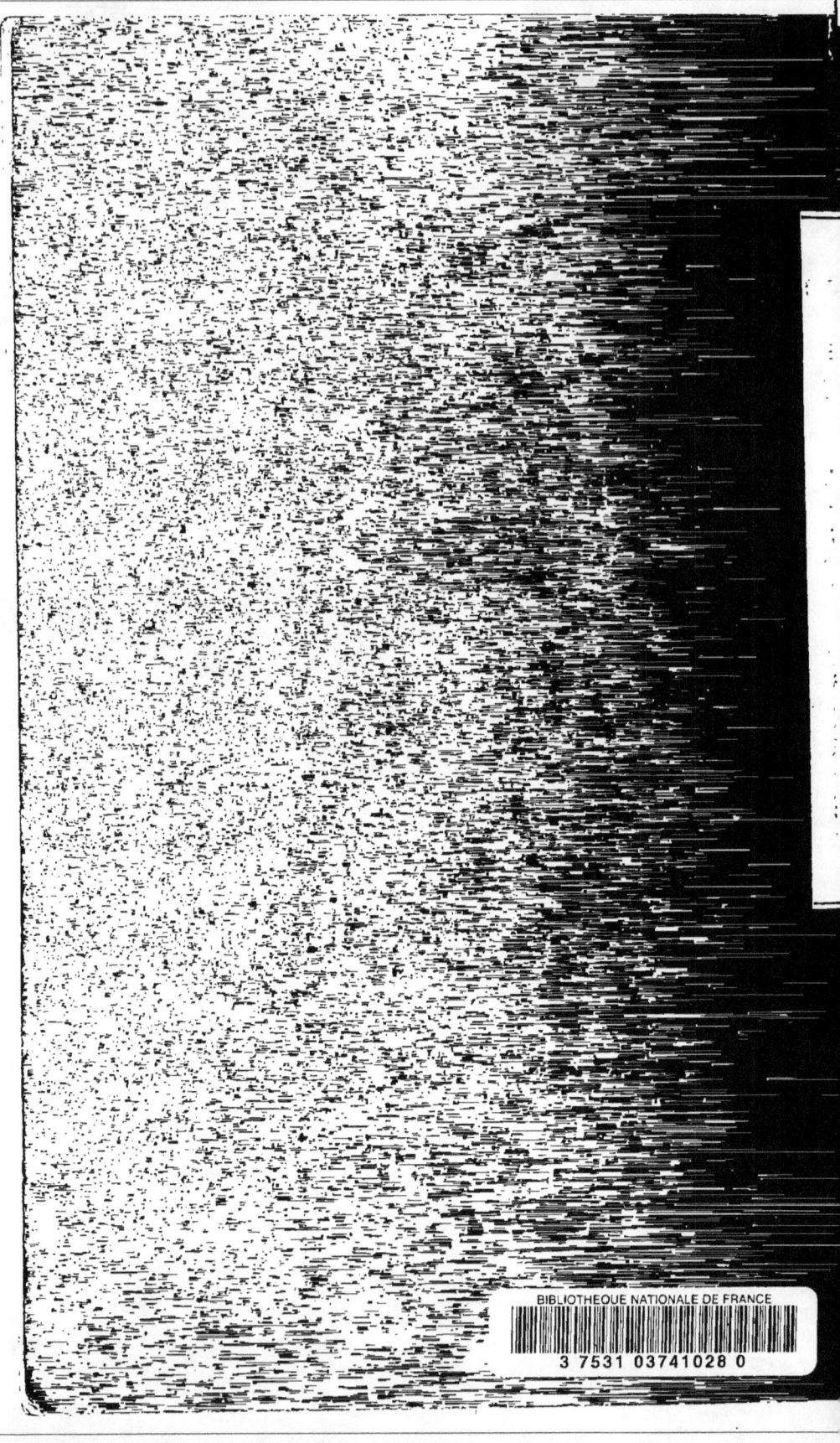

www.ingramcontent.com/pod-product-compliance
Lightning Source LLC
Chambersburg PA
CBHW071423060426
42450CB00009BA/1975